EUGÈNE GRISELLE

LA

CONTREFAÇON EN LIBRAIRIE

A LYON

Vers l'an 1702

MÉMOIRES ET LETTRES AUTOGRAPHES

DU LIBRAIRE BARITEL

Premier adjoint de la Communauté des Libraires et Imprimeurs

PARIS

LIBRAIRIE HENRI LECLERC

219, RUE SAINT-HONORÉ, 219

et 16, rue d'Alger.

1903

LA

CONTREFAÇON EN LIBRAIRIE

A LYON

Vers l'an 1702

EUGÈNE GRISELLE

LA
CONTREFAÇON EN LIBRAIRIE

A LYON

Vers l'an 1702

MÉMOIRES ET LETTRES AUTOGRAPHES

DU LIBRAIRE BARITEL

Premier adjoint de la Communauté des Libraires et Imprimeurs

PARIS

LIBRAIRIE HENRI LECLERC

219, RUE SAINT-HONORÉ, 219

et 16, rue d'Alger.

1903

LA CONTREFAÇON EN LIBRAIRIE

A LYON, vers l'an 1702

MÉMOIRE ET LETTRES AUTOGRAPHES DU LIBRAIRE BARITEL

Premier adjoint de la Communauté des Libraires et Imprimeurs

M. Aimé Vingtrinier, dans son *Histoire de l'Imprimerie à Lyon* (1), dit fort peu de chose au sujet de ce nom de libraire. « Etienne Baritel, écrit-il, membre de la Corporation en 1738, habitait, place Louis-le-Grand, à la Barre. » (2).

C'est sans doute à Hilaire Baritel (3), père d'Etienne apparemment, qu'il faut rapporter, comme la date y invite, les documents qu'on va lire. Le fait est que le signataire des lettres et du mémoire qui ouvrent un jour assez curieux sur les procédés de la librairie lyonnaise, n'indique point son prénom. Comme il ne s'agit pas ici d'une étude sur le personnage, qui se révèle dans les documents autographes conservés au milieu de la col-

(1) Lyon, Adrien Storck, 1894, in-8 de 440 p.
(2) Op. cit., p. 391.
(3) Voy. Ernest Coyecque. *Inventaire de la collection Anisson...* Paris, Leroux, p. 154. Ms. fr. 22074, pièce 87, fol. 201. Main-levée de l'interdiction faite à l'imprimeur lyonnais Laurent de continuer l'impression du *Roman comique* de Scarron, pour les œuvres duquel Hilaire Baritel, libraire à Lyon, présente un privilège (9 janvier 1703).

1

lection Anisson, nous pouvons laisser à l'histoire locale
le soin de compléter ou d'éclaircir plusieurs problèmes
que soulève la publication de ses écrits. Tels quels et
sans commentaire, ils ont le mérite de laisser voir,
outre la physionomie de cet « adjoint de la Communauté des Libraires de Lyon », mécontent de ses
confrères et les dénonçant en conscience avec une candeur ingénue, diverses particularités de l'histoire de
l'imprimerie lyonnaise, notamment sur le chapitre des
contrefaçons.

S'il était question de mettre en œuvre, pour en tirer
tout ce qu'elles contiennent, les pages envoyées à Paris
par cet imprimeur obscur, il faudrait de nombreuses
recherches locales. Le mémoire, dont le but était de
signaler les différents articles des réglements de la
librairie donnés en 1696, auxquels étaient faites des
entorses plus ou moins graves, demanderait peut-être la
publication complète de ce règlement (1). Notre ambition

(3) Ce qui entraînerait à parler des réclamations suscitées de la
part des rivaux acharnés des imprimeurs lyonnais, c'est-à-dire la
Communauté des libraires de Paris. Le ms. fr. 22061 (fol. 552 et
suiv. n° 133) offre un *Mémoire abrégé, | pour la Communauté des
Libraires et Imprimeurs de | Paris. | Concernant le prétendu Réglement proposé par la Commu- | nauté des Libraires et Imprimeurs de
Lion.* » En voici le début et un extrait relatif aux falsifications
lyonnaises :
« Les desordres des Imprimeurs & Libraires de Lion sont venus à
un tel point, qu'ils en ont honte eux-mêmes, & que tout endurcis
qu'ils sont, ils n'ont pû se dispenser d'avoüer leurs fautes & de
demander un Reglement... Les Observations que les Libraires de
Paris ont été obligez de faire sur les Reglemens proposez par ceux
de Lion, se reduisent à 4. Chefs. Le premier concerne la reduction à
faire des Imprimeurs de Lion, Le second regarde les continuations
de Privileges, Le troisième est touchant les Enregistremens & les
significations des Privileges et Continuations, Et le quatriéme comprend quelques Additions qu'il est necessaire de faire au Reglement
proposé.
1 Chef... Les Libraires de Paris... soutiennent qu'il doit estre
ordonné qu'il ne sera reçû aucun Imprimeur à Lion jusqu'à ce qu'ils
soient reduits à douze...
(p. 6.) Enfin Praslard & tous les autres Libraires de Paris ont ils pû

est plus modeste. Le texte même du libraire Baritel, publié avec son orthographe *sui generis*, n'est pas sans saveur et intéressera les curieux en matière de bibliographie ou d'histoire de l'imprimerie. Peut-être donnera-t-il occasion de faire préciser plusieurs points obscurs; les réponses qu'il ne fournira pas pourront être données par les spécialistes au courant de ces matières assez embrouillées de la librairie ancienne et du commerce des livres au commencement du XVIIIe siècle.

Des quatre documents rédigés par Baritel, un seul a disparu; c'est la liste des ouvrages « contrefaits, ou *de prohibé* » en circulation à Lyon en 1702, dont parle la lettre reçue par son destinataire, le 14 décembre 1702 (1). Les autres pièces, un mémoire, et deux lettres, contiennent heureusement de quoi nous consoler en partie de la disparition de ce « catalogue », qui n'eût pas laissé d'être instructif.

Le recueil qui contient ces pièces (ms. fr. 22071, fol. 504-514) ayant interverti l'ordre des dates, nous nous bornons à le rétablir, publiant d'abord le mémoire, antérieur aux deux lettres, puis celles-ci, avec les notes strictement nécessaires.

Memoires pour presentér a Monseigneur le Chancelier (2).

Sa Majesté eû la bonté de donner sa declaration pour le Reglement des Libraires & Imprimeurs de Lyon, registrée

---

estre plus malheureux, que de voir non seulement debiter à Lion les Editions de leurs Livres avant qu'ils eussent paru à Paris, mais même faire deux, trois & quatre Editions contre-faites, avant qu'ils en eussent vendu une seule, & que leurs Privileges fussent expirez. C'est neanmoins ce qui leur est arrivé une infinité de fois... (fol. 551, verso). Cf. ms. 21820, fol. 21-24.

(1) V. plus bas, p. 21.

(2) [Pièce 203, fol. 508). Nous verrons que le destinataire des deux lettres postérieures au Mémoire, n'est plus le chancelier, mais probablement un des ministres de Louis XIV. V. plus bas, p. 16.

en Parlement le 7º feurier 1696 [;] comme ils ne sont point obserué dans beaucoup d'articles j'ay crû deuoir en marquer l'innobseruation par chaque chef non obserué.

Art. 1º. Les Libraires & Imprimeurs de Lyon seront entierement separez & distinguez des Arts mechaniques, & en cette qualité maintenus & gardéz en la jouissance de tous les droits, franchises & prerogatives a eux attribuées par les Rois nos predecesseurs, & par nous.

Cet article n'est point obserué a la maison de ville lors de l'Election des Echeuins y ayant plusieurs bans de professions mechaniques deuant le nôtre.

5º. Comme aussi défendons à tous libraires & imprimeurs de suposer aucun autre nom d'imprimeur ou Libraire, & de le mettre au lieu du leur en aucun Liure, & d'y aposer la marque d'aucun autre imprimeur & libraire, à paine d'etre punis comme faussaires, declaré incapables de pouuoir jamais exercer l'art & profession d'imprimeurs & libraires, de trois mil liures d'amende, & de conffiscation des Exemplaires.

Cet article n'est point obserué puisque tous les jours libraires & imprimeurs de la même ville contrefonts non seulement les liures de paris d'ailleurs & des autres villes du Royaume mais mêmes ceux apartenans a leurs voisins ; temoin le Sʳ Declaustre (1) qui fit imprimer la methode Grecque volume in-8º apartenante au Sʳ Bachelu le fils qui en auoit le Priuilege & cette concurance luy a causé vne partie de sa deroutte.

11º. Defandons a touttes personnes, autres qu'aux maîtres Libraires & Imprimeurs, de tenir Boutique ou Magazin de Liures, & d'achepter pour reuandre en gros & en detail aucuns liures reliez ni en blanc ou vieux papier, sous le titre de papier a la Rame ou de vieux parchemins.

Cet article n'est point obserué puisque toutte gens Pretres,

(1) De Claustre, dont le nom ne se rencontre point parmi les imprimeurs lyonnais du XVIIᵉ siècle, dans le livre de M. Vingtrinier, est le même sans doute que le mémoire désigne plus loin comme entré indûment dans la corporation. Voyez plus bas p. 6 note 2. On trouve au ms. 22072, pièce 29, fol. 87-90, un « Mémoire pour Loüis Declaustre, libraire de la ville de Lyon contre Marie Dechaulme, veuve d'André Molin, imprimeur de la même ville (1718). »

Moines, saveliers., comme le Sr Pascal qui vend impunement chez luy toutles sortes de liures libelles difamaloires d'hollande, Geneve & d'ailleurs. il a debité en celte ville plus de 150 Vie de Louis 13e p[ar] le Vassor[;] il y a tres peû de tems qu'on luy a pris sur le chemin de Geneue a Lyon trois ou quatre gros pacquels de *Mercure Politique* sans qu'il luy en soit arriué autre chose qu'une absence volontaire de 5 à 6 jours, tant il est vray que la recommandation de la premiere commere aupres des magistrals de celte ville l'emporte sur les ordres expres de sa majeste, ou mess[ieu]rs du Consulat donnent tous les jours des coups de ciseaux a ses ordres.

13e. Défenses sont aussi faites a toutes personnes, de quelque qualité & condition qu'elles soient, de vendre en chambre ou magasins particuliers, aucune sortes de liures en blanc ou reliez, vieux ou nouueaux, même sous prelexle de les vendre a l'Encan.

Cet article n'est point obserué puisque des malheureux relieurs de Liures ne sçachant ni lire ni écrire, & sans experiences dans un art aussi chatoulieux que le nôtre s'ingerent de vandre & debiter touttes sortes de Liures & d'en achepter les doublons & friponneries que les imprimeurs fonts aux libraires.

16e. Et d'autant que certains porteurs de balles & soy-disant merciers, allans par la campagne, sous prelexle de vandre des Heures & de pelits liures, ont souvent apporté des Païs Etrangers, vendu & debité en diuers lieux des Libelles-diffamaloire, memoires contre l'Etat & la Religion, des liures défandus ou contrefaits; defanees sont failtes aux porteurs de Balles & pretendus merciers ou autres, qui ne sont Imprimeurs ou Libraires, d'auoir, vandre, ny debiter aucuns Liures, de quelque nature & qualité qu'ils puissent être, à paine de punission corporelle, & de la confiscation desdits liures & marchandises qui y seront jointes.

Il y a en celte ville plusieurs gens sans aueü, comme les nommé Thioly, Rollet, vn mercier de St Estienne, & plusieurs autres qui sous pretexte de vandre des merceries vont dans les logis & foires, porter touttes sortes de mauuais liures & libelles, depuis l'obtention de nos reglemens & quoi qu'il ne fut pas necessaire de les autoriser par d'autres endroits que par les articles qui y sont statués l'on a fait sous le syndicat du sieur Arnaud rendre une ordonnance par le sieur De flechere Lieutenant General de la senechaussé & siege presidial de Lyon alors commissaire pour le fait de la Librairie, mais son ordonnance ny celle renduë par monsieur Dugaz (1) a present Lieutenant de Police & depuis que je suis en charge l'une & l'autre ordonnance n'ont eû aucun effet, puisque les mêmes magistrats qui les ont renduës par la facilité qu'ils ont aux recommandations, ont rendu les ordonnances innutilles en faisant restituer aux mêmes colporteurs les ballettes ou sacs ou ils portent leurs liures, j'ay eû le deboire moy même d'en auoir rendu apres m'etre exposé pour les prendre.

20°. Aucun Libraire ne pourra être admis a faire Aprentissage d'imprimeur ou Libraire, s'il n'est congrû en langue Latine, & s'il n'en raporte vn certificat de celuy qui sera commis et nommé par le Lieutenant General de la ville de Lyon ; à cét effet, le tems d'Aprentissage sera de cinq années pour les Imprimeurs & de quatre pour les Libraires, suiuant l'vsage obserué de tout tems dans lad[i]te ville de Lyon.

Cela s'obserue si peû que l'on a reçeu dans la Librairie non seulement depuis les Reglemens qu'il a plû à Sa Majesté de nous donner & par son arret de son conseil d'Etat de *1700* qui défand absolumen[t] aux Magistrats, Syndic & Adjoints, de receuoir aucuns Libraires, Imprimeurs, jusqu'a ce qu'autrement sa Majesté en aye ordonné nea[n]mois le Syndic s'est donné la Licence de receuoir le Sr De Clostre (2) par ce qu'il a été domestique chez luy mais sans faire apparoitre aucun breuet d'Aprentissage [.] depuis deux mois il est ariué presque la même chose a l'egard du Sr Labbé aprentif relieur obligé chez son frere purement & simplement relieur de Liures en cette ville, ou il n'a pas fini son aprentissage ni presque bien commencé, puisque son dit frere s'ala établir a Bourdeaux ou led[i]t Sr. Theodore Labbé ala finir son pretendû aprentissage, nea[n]moins sans auoir les titres neces-

---

(1) Le procès-verbal pour Hilaire Baritel cité plus haut, p. 1, note 3, porte : *Par-devant Louis Dugaz, Ecuyer seigneur de Sommanost et Bois-Saint-Just,* etc. Sur le futur correspondant de M. de Saint-Fonds, que le regretté bibliophile M. William Poidebard a fait connaître, voyez l'introduction de son dernier ouvrage : *Correspondance littéraire et anecdotique contre M. de Saint-Fonds et le président Dugaz, membres de l'Académie de Lyon (1711-1739)* Publiée et annotée par William Poidebard, Lyon, Paquet, in-8 [1900].

(2) Est-ce De Claustre déjà cité plus haut ? Cf. p. 4, note 1.

saire[s] ny auoir concourû a tous les fraix de nos reglemens
ou j'en ay été pour 90 ℔ de taxe ny aux autres imposi-
tions qu'il a falû payer pour les Arts & metiers ou j'ay été
taxé pour 102 ℔, ni pour la leuée des milices que nous
auons fait auec beaucoup de plaisir pour le seruice de sa
Majesté, il n'a pas laissé par prieres & par recommandations,
sur une pure ordonnance du Magistrat de Police[,] d'être ins-
tallé au rang des Libraires contre le desir de l'Arret du Conseil
d'Etat de sa Majesté de 1700, qui défand expressement aux
Magistrats ces sortes de receptions à paine d'en repondre en
leur propre & priué noms, & aux Sy[n]dics & Adjoints de
les receuoir a paine de la priuation de leur[s] maîtrises[.] il y
en a encore trois sur le tapis de la même cathegorie qu'ils *(sic)*
sont les Srs Besson, Hugonnet, Fleury, les deux premiers
purement & simplement aprentifs relieurs de Liures, & ledit
Fleury doreur de Liures ne sachant pas d'où il est, non plus
que le nommé du Rozet correcteur d'imprimerie, prêtant sur
gages & faisant diuerses autres fonctions, lequel veut s'ins-
taler de même, la multiplicité de semblables sujets dans un
Art qui approche de si pres la personne des Rois, & des
Grands Seigneurs, ne peut être que tres prejudiciable a l'Etat,
puisque ces gens sans connoissances ny experiences donnent
dans tout ce que leur cupidité & avidité leurs peut permettre
ce qui cause un embaras & des desagréemens aux veritables
Libraires qui surportent tout le faits & les reproches que ces
mal'heureux font des mechants Liures qu'ils debitent sans
connoissance de cause ou s'il[s] les connois[s]e[nt] pour ga-
gner aux depends de la reputation des autres bons Libraires
qui essuyent le deboire de leur mechant commerce.

29e Pourront les maîtres imprimeurs recevoir en leur imprimerie tels compagnons que bon leur semblera.

Tous les jours il arrive le contraire car les compagnons
imprimeurs de cette ville gens des plus seditieux qu'il y aye
s'atroupent dans les cabarets ou ils font ordinnairement leurs
assemblées & de la s'en vont chez les maîtres imprimeurs
qui ont des compagnons êtrangers, maltraitent les maîtres de
parolles & les compagnons de coups, par le chagrin qu'ils onts
de voir qu'ils trauaillent mieux qu'eux ce qui cause vn desordre
extra-ordinaire dans la manufacture & impressions des liures,
par ce que les dits compagnons imprimeurs de cette ville s'en-

niurent ordinnairement depuis le Dimanche jusqu'au mecredy au soir (cest leur vsage) ne commence[nt] a trauailler que le jeudy au matin & voulant regagner le tems qu'ils ont perdû dans leurs débauches font vn trauail dans ces trois jours qu'il seroit a souhaitter qu'ils n'eussent point touché, par ce qu'ils n'y obseruent point l'exa[c]titude que cet art demande pour randre les liures bien imprimé[s] & bien corrects [,] ce qui detruit entierement nôtre negoce, & dans le Royaume, & dans les Pays êtrangers, par le chagrin que les achepteurs des liures ont de se donner la paine de corriger ceux qu'ils acheptent tandis qu'ils deuroient auoir le plaisir de les lire.

31e. Defendons aux compagnons de faire aucune[s] cabales ny bourse commune sous quelque pretexte que ce puissent être à peine de punition exemplaire.

Tous les jours & de tous tems les dits compagnons ont cabalé & fait bourse commune plaidé en nom collectif contre leurs maitres nonobstant plusieurs arrets rendû contre eux en consequence.

34e. Les Maitres imprimeurs ne pourront faire trauailler chez eux aucun Compagnon qui ait trauaillé chez un autre Maître de Lyon, qu'ils n'ayent sceu du dernier Maître d'où le dit Compagnon sera sorti, si ledit compagnon est libre a l'egard dudit Maître, & en état de trauailler ou bon luy semblera, à paine de vingt liures d'amande, tant contre ledit Compagnon que ledit Maître si ledit compagnon na fait apparoir de son congé par êcrit.

Rien de moins obserué que cet article puisque tous les jours les plus anciens Maîtres qui deuroient être les plus exa[c]t[s] a tenir bon sur cet article sont les premiers a débaucher les compagnons des autres par touttes sortes de voyes illicittes ce qui rendent *(sic)* lesd[i]ts compagnons si insolens qu'au lieu de perfectionner leurs ouurages comme ils deuroient le faire en êtant tres bien payé[s] ils font du plus mal qu'ils *(sic)* leurs est possible[;] ce qui a tellement derangé nôtre manufacture que celle de Troye en champagne qui a passé pour vne des plus vilaine[s] l'emporte sur la nôtre.

41e. Les fils de Maîtres qui auront les qualitez requises, seront receus a la premiere Requête, en mettant ès mains du syndic, la somme de trante liures seulement pour les affaires de la d[i]te communauté.

A cet égard l'on a fait beaucoup d'injustice a plusieurs fils
de Maîtres imprimeurs de cette ville, chargé[s] par les Tes-
tamens de leurs peres de plusieurs Legats a leurs freres &
sœurs, des pensions viageres a leur mere; cependant dans
l'ordre de la reception des dix-huict Maîtres reglé par l'article 43ᵉ l'on choisit pour remplir ce nombre de dix-huict des
sujets tout à fait indignes des uns n'étans qu'administrateurs
des fonds d'imprimerie qu'ils occupent, les autres des
païsans qui ne sachant pas seulement écrire leur nom
exercent un art aussi noble que celuy la, tandis que des bons
sujets ont été rejeté[s] quoi qu'ils eussent & qu'ils ayent
encore incomparablement plus de merittes que plusieurs
d'entre-ceux qui occupent lesd[i]ᵗᵉˢ dix-huict places [:] il y en
a de si mechans qu'ils meritteroient d'etre estirpés bien loin
d'etre inscript[s] au nombre des maistres, entre-autres
Sarrazin qui a epouzé la venue de feü Cagnier, lequel
Caignier (*sic*) auoit été pris sur vne quantité prodigieuse de
Liures contrefaits saisi[s] & enlevé[s] par le sieur de Fle-
chéres Lieutenant General, cependant il est entré la dedans
& n'a pas été plus honnête homme que son predecesseur, il a
été pris en imprimant les *Annalyses* du P. Mauduit [,] 12 [;] 8 vol.,
mais par une petite supercherie le Procez verbal de la saisie
se trouve perdû, il y en à encore vn autre nommé Benoist
Vignieu sur qui les sieurs Pralard, Emery, & Guerin (1) commissaire[s] député[s] par sa Majesté saisirent ou chez luy ou
dans des comuns la valeur de plus de soixante balles de
Liures contrefaits ou *prohibés* [.] par l'ordonnance dud[i]ᵗ sieur
Lieutenant General il fut dit que dans le mois il rapporte-
roit par deuant luy, ou par deuant les syndic & Adjoints des
preuues comme il auroit satisfait aux paines portées par
l'Arret du Parlement de Paris, cependant il n'a nullement
satisfait a tout cela, il exerce impunement un pôste qu'il ne
deuroit point ocuper au prejudice des sieurs André Laurens (2)
homme de probité, de bien, seruant le Roy dans la fonction
de sous-lieutenant du cartier de rüe raisin de cette ville ;
l'honneur qu'il a de l'être son meritte luy la attiré, & vous

(1) Guérin est le libraire parisien correspondant de Baritel et son intermédiaire auprès du chancelier. V. plus bas p. 21.

(2) V. plus haut, p. 1, note 3.

auré la bonté de remarquer que ces sortes de postes coutent beaucoup & ne rendent rien, ainsy cela merite reflexion pour le placer en lieu & place de ces deux mechans sujets qui remplissent si indignement des endroits qui deuroient être ocupé[s] par un aussi honnéte homme, & par vn autre nommé André Molin (1) tres capable d'exercer son art quoi qu'il n'aye pas beaucoup de bien, cependant bon ouvrier aussi bien que feü son Pere qui auoit la qualité & le titre d'Imprimeur de sa Majesté, il y a trois places vacantes daus le nombre des dix-huict Maîtres Imprimeurs par le deceds des sieurs Antoine Jullieron, & Iacques Faton, & par la place dud[i]t Vignieû, ainsi sa Majesté sans déroger a son dernier Arret du Conseil d'Etat, peut ordonner que lesd[i]ts sieurs Laurens, & Molin, & un autre que l'on choisira dans le nombre des pretendans rempliront ces places vacantes qui ne feront que le nombre des dix-huict Maîtres fixés par sa déclaration du mois d'Auril 1695.

44e. Les Sindics & Adjoints ne recevront a l'auenir qu'un Maitre-Libraire par chacun an, outre les fils & Gendre[s] des Maitres, & en cas qu'il s'en presentât plusieurs en même tems pour être reçeus celuy qui se sera presenté, & aura été inscript le premier sur le Registre par les Syndic & Adjoints, sera preferé aux autres.

Cet article n'est point obserué puisqu'il y en a quatre sur le tapis, dont le s[ieu]r. Labbé a été reçeû sans Arret du Conseil mais seulement par vne simple ordonnance du Magistrat de Police, le s[ieu]r Besson vn des autres pretendans a eû deux ordonnance[s] pour se pouruoir au Conseil dans trois mois ce qu'il n'a point êxécuté [;] au contraire par prieres il fait rafraichir de trois en trois mois vne nouuelle prolongation ce qui par succession de tems iroit a l'infini & tireroit a de tres mechantes & dangereuse[s] consequence[s] par la facilité que d'autres trouueroient a se seruir d'une routte si aisée pour leuer & tenir boutique sans en auoir les moindres capacités & contre la volonté expresse de sa Majesté.

46e. Les Maitres Imprimeurs qui ne pourron[t] eux-mêmes vacquer à la correction de leurs ouurages, seront tenus de se

(1) Sur les Molin (Barthélemy, Antoine, Horace, Jean), voy. Vingtrinier. op. cit., p. 367. André Molin n'y est pas nommé. Cf. plus bas p. 22, note 2.

seruir de correcteurs capables, & seront les d[i]ts Correcteurs tenus de bien & soigneusement corriger les Liures, rendre
leurs corrections aux heures accoutumées; & au cas que par
leur faute il y ait obligation de reimprimer les feüilles, qui leur
ont été données pour corriger, elles seront reimprimées aux
dépens des dits Correcteurs.

Cet article a été mal obserué, puisque la plus part des
Imprimeurs sur-tout ceux qui trauaillent sur les contrefac-
tions craignants d'etre surpris en enuoyant les épreuves aux
correcteurs les corrigent eux-mêmes sans en sçauoir con-
noître les deffauts dont ils resultent (*sic*) que les dits Imprimeurs ne donnent au public que des ouvrages sans corrections & qui ne leur font point de des-honneur puisque leur
nom ny est jamais.

47e. Les Libraires & Imprimeurs de la d^{te} ville de Lyon, ne
feront à l'auenir qu'une seulle & même Communauté, et
seront tenus de s'assembler incessament pour élire vn syndic
Libraire & quatre adjoints, scauoir deux Libraires & deux
Imprimeurs, dont ceux qui auront le plus de voix, seront
les premiers [:] lequel syndic & deux adjoints premiers qui
auront le plus grand nombre de voix, vn Imprimeur, & vn
Libraire exerceront lesdites charges pendant trois années,
& les deux derniers sortiront apres les avoir exercées pendant deux années, & seront remplacées par d'autres qui
seront êleus a premier jour de Mars apres lesdites deux
années expirées, & dans la suitte ils sera procedé tous les
ans audit jour premier Mars a l'Election d'un adjoint Libraire
& d'un adjoint imprimeur, à la place de ceux qui auront
fait cette fonction pendant deux années, & apres que led[i]t
syndic Libraire premier nommé aura exercé cette fonction
pendant trois années, il sera aussi procedé de deux ans en
deux ans audit jour premier Mars à l'election d'un syndic
qui sera pris indiferament du nombre de Libraires ou Imprimeurs, & seront lesdites Elections faites en la Chambre de
la Communauté, en la presence du Lieutenant General de la
Ville de Lyon, & de nôtre procureur, a la pluralité des voix,
scauoir pour la premiere fois tous les Libraires & Imprimeurs de ladite Ville apellés & a l'auenir par les sindic &
adjoints en charge, les anciens syndics & adjoints, & huiet
Libraires & huiet Imprimeurs seulement pour ce mandés

par les syndic & Adjoints en charge, & apres ladite Election
ainsi faite, les dits nouueaux syndic & adjoints preteront
serment à l'instant de bien & fidellement se comporter en
leurs charges de quoy il en sera dressé Acte.

J'ay prêté le serment susdit dont je m'en repens n'ayant
rien executé de tout ce que j'ay promis, ne l'ayant pû faire
ayant eû les bras liéz.

50e. Les Syndic & Adjoints feront des visites generales dans
les Imprimeries du moins une fois tous les trois mois, dans
les Boutiques des Libraires & dans les Imprimeries toutes
& quantes fois qu'ils le trouveront nécessaires, ils dresse-
ront Procez-verbal des Ouvrages qui s'imprimeront, des
Aprentifs qu'ils auront trouué, du nombre des presses de
chacun Maître Imprimeur, & des maluersations si aucunes
il y a, lequel Procéz Verbal ils mettront entre les mains du
Lieutenant General de la dite Ville de Lyon pour y pouruoir.

Si cet article qui est le plus necessaire & qui deuroit être
le mieux obserué de nos reglemens, l'etoit effectiuement cela
epargneroit beaucoup de fatigues a Monseigneur Le Chan-
ceilier, & a vous & aux Libraires de Paris les plaintes qu'il
portent justement lorsqu'ils se sentent vexés par les contre-
factions, mais bien loin de faire là dessû son deuoir depuis
quatre années que le syndic des libraires & Imprimeurs de
cette ville est en charge il na pas seulement fait quatre
visites [;] encore ce sont des visites *de pro forma*, cet a dire
que lon entre dans une Imprimerie ou boutique [,] l'on en fait
le tour sans regarder aux *visorium* ny dans les rans des
casses les Ouurages que l'on peut faire, ny dresser aucun
procez verbal, ny observer le nombre des aprentifs qu'il y a,
ce qui a tellement rendû les Imprimeurs insolens & vicieux
qu'ils impriment insolament touttes sortes de Livres sans
exce[e]ption, êtant bien seurs de n'être point inquiétez par le
syndic, ny par les Adjoints qui ne peuuent pas faire une visitte
sans la permission dudt syndic, qui du moment ennoye auertir
tous les imprimeurs, il y a enuiron quinze jours que moy & les
trois autres adjoints furent en vertu d'une segonde ordonnance
du Consullat, chez les nomméz Nanty Père & Fils se disants
imprimeurs (quoi que l'vn & l'autre depuis trente années
n'ayent jamais trauaillé que comme compagnons imprimeurs),
cependant depuis enuiron deux années ils se sonts auisés de

faire une Innouation contre l'Esprit des Reglemens, je fut
donc comme j'ay eû l'honneur de vous le faire remarquer en
visitte chez lesd^ts sieurs acompagné seulement de mes trois
collegues mais nous eumes le deboire de trouuer les portes
fermées que l'on ne voulû point nous ouurir, deux jours
apres nous y fumes acompagnés d'officiers de justice nous
y entrames a la verité mais ce ne fut pas sans essuyer vne
espece de rebelion & de courir risque d'être maltraités,
nea[n]moins nous fimes demonter les deux presses comme il
êtoit dit par l'ordonnance consullaire que l'on proroge depuis
dixhuict mois quoi qu'elle soit fixée a trois & a cinquante
êcus d'amande pour la recidiue, cependant par les recom-
[m]andations & prieres son etablissement subsiste toujours,
& subsistera de même par des semblables facilites, si le
Conseil ny mest ordre car apres auoir porté nos plaintes au
consullat de la temerité desdits Nanty pere & fils, ces
mess[ieu]^rs assemblez rendirent une autre ordonnance par
laquelle ils denaturerent les deux autres quils auoient rendüe
ci deuant, en ne parlant point des cinquante êcus d'amande
mais seulement que dans trois mois lesd[i]^ts s^rs Père & fils se
pouruoiroient au Conseil, cependant jusqu'à present l'on a
point pû auoir lad^te ordonnance ny l'on ne l'aura que dans
six mois si le Consulat l'a resolû, Voila comme l'on traite
dans cette juridiction & dans plusieurs autres les ordres de
sa Majesté, Il y a un certain Ecclesiastique nommé Chazel (1)
qui fait imprimé sans Priuileges, ny aprobations, ny permissions, vn certain liure qu'il dit auoir composé, intitulé *la
prairie riante* volume in 12 carractere gros romain contenant
douze feuilles d'impression[;] j'ay sceû & sçai encore ou le
liure est, mais lorsque j'ay voulû parler de le faire enleuer
l'on m'a fermé la bouche, l'on ma dit que presque assuré il
y a peû de jours que l'on imprime yci le *Mercure historique & politique*, si l'on souffre des semblables licences
l'Auguste personne de sa Majesté, & tout ce qu'il y a de
plus grand dans le royaume sera souuent outragé par des
semblables Libelles.

(1) (*sic*) On trouve dans le ms. 22074 (piéces 88) un Procès-verbal de saisie
chez Joseph Chazel, prêtre, place Bellecour, de sa *Prairie riante* (18 oct.
1703), suivi (piéce 89) de son interrogatoire, devant le Lieutenant de police
Dugas. V. plus bas p. 22, note 3.

54e. Les syndic & Adjoints visiteront les Dominotiers & Imagiers à ce qu'ils n'aïent a Imprimer ny vendre aucuns Placards ou peintures dissolües, & s'ils ont des presses en leurs maisons, qu'elles soient garnies de grands Timpans propres a imprimer seulement des planches grauées en bois ou en cuivre & non autrement; & ne pourront lesdits Dominotiers & Imagiers, auoir par deuers eux aucuns carracteres de fontes propres a imprimer des Liures a paine de conffi[s]cation des presses & carracteres au proffit de la communauté des imprimeurs & Libraires & d'amande arbitraire.

Nonobstant cét article le Sr Biesse marchand Dominotier & Imagier a chez luy vne presse en carracteres toutte monté[e] & en état.

58e. Defence a tous Libraires & Imprimeurs de contrefaire ny de vandre les Liures qui auront Privilege ou continuation, suiuant les paines portées par les priuileges, & en cas de recidiue seront decheus de leur Maitrise.

Cela ne s'obserue point comme j'ay eû l'honneur de vous le faire remarquer, par les Libraires & Imprimeurs de cette ville a l'ex[c]eption d'vn tres petit nombre, tous les autres font cet infame commerce, ne gardant aucune bien seance non seulement pour les Libraires de Paris & autres lieux du Royaume, pas même pour leurs confreres, traitans les priuileges du Roy comme chose abusiues, ne faisant pas plus de cas de l'autorité du Chancelier, & du Magistrat.

Voila Monseigneur des remarques que j'ay crû denoir faire pour les presenter a vôtre Grandeur, elles ne sont pas assez bien dirigées [*sic* pour *redigées* ou *digerées*] pour meriter les moindres de vos attentions mais j'ose les assurer fidelles & asses judicieuses pour vouloir que vous ordonnié[s] que les articles qu'elles font voir non obserués le soient dors en auant exactement sous le bon plaisir toutte fois de sa Majesté & de vous, Monseigneur, l'ordonnant ainsi cela vous épargnera beaucoup de fatigues, les plaintes des Libraires de Paris cesseronts par le bon ordre que l'on obseruera.

Vôtre Grandeur aura encore la bonté de vouloir ordonner que l'Arret du Conseil d'Etat de 1700 qui defand aux Magistrat & syndic de receuoir aucun Libraires ou Imprimeurs jusqu'à ce qu'autrement sa Majesté en aïe ordonné soit êxecuté dans toutte sa forme & teneur & qu'à cet effet tous ceux qui auront

êté reçeus soient cassé et leur reception declarée nule &
abusiue, ensemble que l'autre Arret du conseil d'Etat de 1701
portant reglement pour la Librairie & Imprimerie, & qui
défand aux Magistrat des Villes & Prouinces du Royaume,
de donner aucune permission d'imprimer aucun Liure qui
ex[c]ede deux feuilles carracteres cicero, soit executé dans
toutte sa plenitude, n'etant pas de l'ordre que les Magistrat
des Prouinces s'erigent en Chancelier en donnant des permissions qui portent des defances comme l'on faisoit autre-
fois en cette ville, & comme l'on fait encore à Toulouse,
Bourdeaux, Roüen, & autres villes, ou les Magistrat ce
donnent cette licence, faisant cesser tous ces désordres le
bon ordre, l'equité & la justice se retablira dans le commerce
des Liures, & en nommant un homme qui soit ferme &
vigoureux, qui ne soit point interessé, mais vigillant, rempli
d'honneur, & qui fasse executer sans complaisance pour
personne les ordres du Roy & les vôtres j'ose prandre la
liberté d'assurer vôtre Grandeur que si j'auoit l'honneur
d'être encore continüé dans ma charge de premier adjoint
ou je suis encore jusqu'au mois de mars prochain les choses
que l'on a porté a vn si grand dereglement reuiendroient
dans tres peû d'années dans leur ordre naturel, je suis persuadé que si vous faite[s] êclater mes foibles observations
qu'elles ne soient condamnée[s] par presque tous mes confreres Libraires & Imprimeurs de cette ville ou d'ailleurs
(hors de ceux de Paris) tous les autres s'eleueront contre moy
& ne manqueront pas (même ceux des premiers dont je dit
du bien) de me blasonner (1) d'vne cruelle maniere[;] mais
tous leurs venin ne seruiroit qu'a fortifier mon deuoir & aug-
manter la haine implacable que j'ay eû & que j'ay contre le
negoce des livres contrefaits ou *prohibé,* ce n'est point l'interest qui me fait rechercher avec tant de passion cet employ
je ne demande rien au Roy, a l'Etat, ny au Particulier ne
voulant pour payement de mes soins & paines que l'honneur
de servir le Roy, & vôtre Grandeur, dans vn poste ou pour le
bien remplir il ne faut que la Royale protection de sa Majesté,
& la vôtre.

(1) Sur l'emploi de ce mot au sens de *critiquer* ou *médire,* Cf E. Griselle,
Les Phases du Sermon de Bourdaloue pour le jour des morts, p. 27, note 2,
Lille, Morel, 1900, in-8 de 31 p.

Je ne doutte pas que vous ne voyé si deja ne l'avé vû vne Requeste que nôtre Communauté à enuoyé à Paris pour être presentée au Roy par vn nommé Certe (1) Libraire de cette ville & deputé du corps, lequel a fait vn tres mechant choix en deputant cet homme taché par les affaires qu'il a eû au sujet des liures & contre l'Etat & contrefaits qui l'on[t] fait detenir fort long-tems prisonnier au Chateau de Pierre en cise (*sic*), & aux prisons de Roanne de cette ville, je demande pardon a vôtre Grandeur de la long[u]eur de mes Memoires, cet (*sic*) vn veritable zéle qui me les a fait entreprendre pour vous marquer auec combien de respect, & de soumission, je suis,

MONSEIGNEUR,

Vôtre tres humble & tres obeissant seruiteur,

BARITEL,

M. Ernest Coyecque dans son *Inventaire de la Collection Anisson*, décrit en ces termes les deux pièces qui vont suivre :

« Deux requetes de Baritel, premier adjoint des imprimeurs et libraires de Lyon [au Directeur de la librairie], pour se plaindre des contrefaçons faites à son préjudice et des agissements du syndic Anisson ([14 décembre] (2) et Lyon, 24 octobre 1702.) — Orig., 4 f. » (3).

Je ne sais trop si la conjecture qui suppose les lettres adressées au directeur de la librairie, est bien fondée. Elle paraît cadrer assez mal avec les formules de politesse qui insinueraient que Baritel écrivait à un plus haut personnage. Le directeur de la librairie se

(1) Cf. plus bas p. 19 et 22, note 1.
(2) Il faut noter que ce « 14 décembre », est la date de la réception de la lettre par le destinataire inconnu qui a écrit de sa main : Reçue le Jeudi 14 de[cem]bre 1702. Si l'on suppose donc le temps du courrier de Lyon à Paris, elle est de fort peu antérieure et ne doit venir par conséquent, qu'après la lettre qui la suit, datée du 24 octobre. Le texte même le prouve d'ailleurs.
(3) Op. cit., p. 117.

faisait-il donner du Monseigneur ? C'est peu probable.
Mais en tous cas, comme en cette année 1702, la direc-
tion de la librairie appartenait à Jacques Anisson, le
frère et associé du syndic de Lyon mis en cause dans
ces dénonciations, il y a tout lieu de croire que Baritel
ne se serait pas adressé à lui pour obtenir justice.

Sans essayer de déterminer auquel des ministres de
Louis XIV furent envoyées ces requêtes, il suffira de les
donner l'une et l'autre d'après l'ordre chronologique ;
modifié encore ici par le collectionneur.

Monseigneur (1),

De quelques malignités que mes Ennemis se soyent
seruis pour preuenir a mon desauantage l'Esprit de Monseigneur Le Chancelier, & le vôtre (2), cela ne ma pas fait
craindre à prendre la liberté d'ecrire a vôtre Grandeur au
contraire il ne semble que mon innocence a fortifié ma
resolution pour vous informer de certains faits veritables &
non suposés comme ceux que l'on vous a êcrit contre moy.

Comme je connoit le fond de vôtre bonté & les belles
dispositions que la nature a repandue en vôtre ame pour
exercer & randre la justice, j'ose vous la demander. Dans le
sejour que j'ay fait a Paris j'ay acquis auec beaucoup de
paine la part aux priuilèges suiuans :

La Chymie de l'Emery[;] volume in 8 figuré, du sieur
Jean Baptiste De Lespine.

Les caracteres de Theophraste & la suitte [;] 2 volumes
in 4 du même (3).

(1) Fr. 22071, fol. 506 et suiv.
(2) Cf. plus haut, p. 3, note 2.
(3) La Bruyère, éd. des gr. écriv., t. III, p. 154, n° 21 et 25, onzième édition in-12. Lyon, Hilaire Baritel, 1703. J'ai sous les yeux le second volume
d'une édition lyonnaise de La Bruyère, intitulée : *Les Caractères de Theophraste, et la suite, traduits du grec avec les caractères ou les mœurs de ce
siècle.* Douzième édition, revue, corrigée et augmentée par l'auteur. A Lyon,
chez Boudet, Declaustre, Deville, et Delaroche, MDCCXVI, 12. Elle porte à
la fin du volume le privilège obtenu par J.-B. Delespine pour dix-huit ans,
le 1er mars 1707, avec une cession ainsi conçue : « Ledit sieur J.-B. Delespine a fait part du present Privilege seulement pour les Caracteres de

Les 3e, 4e et 5e volumes des Oeuvres de Mr de Saint Euremont, des sieurs Auboüyn, Emery, Dauid & compagnie, j'auoit deja acquis les deux premiers volumes de feü sieur Pierre Barbin (1).

Les Poësies & autres Ouurages de madme Des Houlieres [,] deux volumes in 12, de sieur Michel Villette (2).

Vous ne doutté pas Monseigneur que ces Libraires ne se sont pas deffaits de la moitié du debit de leurs sortes pour m'en faire part sans qu'il m'en coute cela ne seroit pas raisonnable de le pretendre autrement, mais par une fatalité qui ne m'abandonne guere dans touttes mes entreprises j'ay eû le chagrin a mon ariuée en cette ville que de ces quatre liures j'en ay trouué trois de faits sçauoir la Chymie de l'Emery, les 3e, 4e et 5e volumes des Oeuures de monsieur de Saint-Euremont, par les sieurs Guerrier (3), Labbé & Rey, les deux premiers & surtout le sr Guerrier, sont les plus habilles & les plus auides contre-faiseurs de france [:] toutte la Librairie de cette ville sçait que le negoce dudt Guerrier n'est qu'en liures contrefaits, ou contre LE ROY, L'ETAT, LA RELIGION, & LES BONNES MŒURS, il a fait imprimer pendant 6 à 7 années le *Mercure Historique & Politique* qu'il faisoit composer icy par un nommé Cointiere alors Jesuite & qui en fût mis dehors par sa mechante vie, il faisoit vn debit tous les mois de ce mechant liure auec autant de facilité que si sçeut été le meilleur Ouurage du Monde, mais enfin son Auteur luy ayant manqué il cessa de le faire imprimer, sans cesser de le debiter s'étant associé pour cela auec le nommé Pascal sauetier de profession qui d'intelligence en font venir vn grand nombre de Neuchatel en Suisse, dont ils remplissent la ville & touttes les prouinces voisinnes.

Le debit des mechants liures est tres dangereux, car sils sont contre l'Etat, ils ebranlent la fidellité des peuples, sur

Theophraste, et la suite, à *(sic)* sieur Hilaire Baritel, lequel a retrocédé aux sieurs Declaustre et de la Roche, suivant l'accord fait entre eux. » C'est celle que signale M. Servois ; l. c., p. 155, n° 27.

(1) Cf. Brunet, éd. de 1864, t. V, p. 38 [19087].

(2) *Ibid.*, t. II, p. 626 [14043]. « La première édition des poésies de Mme Deshoulières a été publiée par cette dame, *Paris*, Ve de Séb. Mabre-Cramoisy, 1688... Réimpression, Paris, Jean Villette, 1694, pet. in-8. »

(3) « Jacques Guerrier demeurait vis-à-vis le Grand Collège, enseigne *A la Salamandre.* » (Vingtrinier., p. 375).

la Religion ils les font mollir, & contre les bonnes mœurs
ils donnent des terribles atteintes a la pudicité des jeunes
gens. Voila pour-tant le negoce de ces deux hommes, jusqu'à present on ne s'est guere auisé de les en empêcher, soit
le Magistrat, ou le syndic, & encore moins moy quoi que
segond officier de nom & non d'effet, cest vn desordre
ou il faudra tout le pouuoir de sa Majesté, l'autorité
de Monseigneur le Chancelier, & vos soins pour le faire
cesser, encore commettre vn homme vigillant & qui sache
le cours de la Librairie pour surprendre adroittement ses
sortes de negocians, il faut sous le bon plaisir de Sa Majesté,
& de Monseigneur le Chancelier qu'il soit revetû d'un
pouuoir qui luy donne de l'Autorite, & de l'honneur, car
un honnête homme aura toujours de la paine a prendre vne
semblable commission s'il faut qu'il fasse les fonctions d'un
sergent, ou d'un huissier, j'ose repondre a vôtre Grandeur
que si j'etoit continüé encore deux ans dans le poste de
premier adjoint ou je suis jusqu'au mois de Mars prochain,
j'epargneroit à Monseigneur Le Chancelier, & a vous les
fatigues que vous donnent les Libraires de Paris lorsque ils
se vont plaindre.

Nôtre communauté s'est assemblée deux fois & a fait
dresser une Requête, par les sieurs Le Poiure, & Gillet
Auocats de cette ville, pour être présentée au Roy, je ne sçay
par quel canal, les principes sur lesquels ladite Requête est
appuyée sonts tous faux êronnées ou menteurs, & sous une
apparence specieuse de soumission l'on ne tend a rien moins
que de retrecir la main du Roy, diminüer l'autorité du Chancelier en ne luy permettant plus de donner des réobtentions
de Priuileges, & en luy demandant la cassation des Lettres
Patentes portant reglement pour la Librairie ou entre-
autres il deffant *aux magistrats des villes de donner des per-*
missions de Liures qui ex[c]edent deux feuilles, tous les Libraires
& Imprimeurs (a mon ex[c]eption) ont signés la dite Requête
que l'on dit deuoir être présentée par le sieur Jean Certe (1)
que l'on doit deputer pour cet effet a Paris lequel est pres-
qu' vn des plus coupables de la Librairie ayant été deux fois
mis en prison, & détenû fort long-tems dans le chateau de
pierre Encise & aux prisons de Roüanne.

(1) Cf. plus haut, p. 16, n. 1 et plus bas, p. 22, note 1.

Tous les faits que je prand la liberté de vous mander, je les soutiens & les soutiendray tous veritables, deuant le plus redoutable juge du monde, je ne craint qui que ce soit en disant la verité, car a l'exception des sieurs Anissons, Posüel, Borde, Arnaud, Thiolly, Amaulry (1), qui ne font point ce vilain debit de liures contrefaits ou *prohibé*, tous les autres Libraires en viuent, vous voyé Monseigneur que je me justifie pas d'en debiter dans les occasions, mais pour en faire il me sera toujours fort aisé de me justifier la dessûs, cinquante sept sortes de Liures que j'ay a moy de touttes grandeurs qui forment cent-vingt-cinq volumes me donnent asses d'exercices pour ne panser pas à pirater le bien d'autruy [;] ce n'a jamais êté mon esprit ayant toûjours traité le commerce des Liures contrefaits comme vn commerce de fripon.

Obligé moy Monseigneur de vouloir faire attention sur ma lettre & de ne vous pas ennuyer de sa long[u]eur ni de celle des autres memoires que je prans la liberté de vous presenter, je n'ay pû me renfermer a vous en moins dire & si vous voulié me le permettre tous les mois j'aurois l'honneur de vous informer de bien de[s] choses, en atendant cet auantage soyé persuadé que je suis auec tout le respect possible,

MONSEIGNEUR,

Vôtre tres humble, tres obéissant
& afectionné seruiteur.

BARITEL,

*premier adjoint des Libraires
Et Imprimeurs de Lyon.*

A Lyon, ce 24 8⁰ʳᵉ 1702.

D'après la date de réception de la seconde lettre, placée en tête dans le recueil, elle est postérieure à celle qu'on vient de lire. C'est du reste ce que nous apprend le début même, qui récapitule et énumère les différents

(1) « Thomas Amaulry, libraire imprimeur, rue Mercière, à l'enseigne du *Mercure Galant* » (Vingtrinier, p. 377).

envois de Baritel, faits par l'intermédiaire du libraire
de Paris, Guérin.

Monseigneur

J'ay apris par le sieur Guerin Libraire de Paris, que vous
m'avé fait l'honneur de receuoir de sa main le pacquet des
Memoires que je pris la liberté de vous faire presenter & je
ne doutte pas qu'à l'ouuerture dudit pacquet vous n'aïé été
rebutté de vous donner la paine de lire des choses aussi mal
redigées, j'ose pourtant vous assurer que dans tout ce qui est
contenû il ny a point d'autre passion que la verité [.] ceux qui
vous seronts presenté par le même sonts de même nature que
les precedens qui rouloi[en]t sur trois chefs, le premier étoit
un Catalogue de tous les Liures contrefaits en cette ville ou
imprimé sous coppie d'hollande, le second marquoit le peû
d'observation de nos Reglemens, & le restant étoit une lettre
que je pris la liberté d'écrire a vôtre Grandeur Il y auoit
quelques circonstance qui me touchoient en particulier, &
d'autres qui étoient generales, tout ce qui concernoit mon
particulier sur les trois Liures dont j'auoit traité a Paris, je
n'en ay sçeu auoir aucunnes satisfactions que celles qui sui-
uent — qui est qu'il m'a falû achepter l'impression de seize
cens cinquante exemplaires du *Caracteres de Theophraste*
tres mal imprimé & au prix qu'ils onts voulu m'imposer,
pour la chymie de l'Emery il m'en a falû faire part aux contrefaiseurs sur le même pied que j'en auoit traité, & pour les
3e, 4e & 5e volume des Œuures de saint Euremont jusqu'à
present celuy qui me les a contrefaits s'est mocqué de
moy, & les vand impunement naïant pû me faire randre justice quoy que j'en aïe prié & le Mgistrat (*sic*) & le syndic qui
egalement nonts voulû faire aucuns pas pour cela, j'auroit
deub comme cherchant mes droits & étant second officier de
ma Communauté faire visite pour me faire randre raison
mais cela m'est défandu puisque le sieur Anisson syndic
prétend que ce n'est que luy qui le doit faire, il a raison

pour le coup puisque ses visittes ne luy attirent que beaucoup d'acclamations ne faisant du mal à qui que ce soit pas-
sant sous l'œuil les Liures contrefaits & *de prohibé*, qui se
fonts dans les imprimeries de cette ville, disant qu'il sera
aussi bien anoüé de faire le bien comme le mal, & qu'il se
bat l'œuil (qui est son mot ordinnaire) de tout ce que l'on
peut dire contre luy, il ne lui sera pas dificile aïant la voix
de tant d'honnetes gens de se faire continuer autant de tems
qu'il voudra, il commence deja a cabaler pour faire élire a
ma place le nommé   (1) fameux dans le party de la
contrefaction, vous m'objecteré par quel principes il en agit
ainsi & quel interest il en retire, je vous le diray en tres peû
de mots, c'est que tollerant ces desordres depuis quatre ans
qu'il est syndic tous les contrefaiseurs par reconnoissance
luy imprimant ses sortes a moins que *vitæ est* (sic) *vestitum*
sachant tres bien qu'ils retrouueronts leurs long[u]eurs sur
les Liures contrefaits qu'ils ont la facilité de trauailler, auec
autant de seuretée que s'ils faisoient des Alphabets pour les
Enfans, voila le but dud[i]t syndic suposé qu'il ny aïe pas
d'autres interests qui le font agir ainsi, mais enfin il est
riche & lorsqu'vn homme est revêtu de cet ornement il a le
bonheur d'etre crû par tout comme homme de probité quoy
que bien souvent il ne soit rien moins que cela.

Dernierement led[t] sieur syndic étant dans sa maison de
campagne je fut requis par la venue d'horace Molin (2) &
compagnie, de me transporter la ou elle me meneroit, j'y fut
elle me mena chez le nommé Claudé Moulu (3) (se disant imprimeur quoy qu'il ne soit pas maître & qui ne meritte pas
de l'être), ma visitte se fit avec tant de secret & de prompti-
tude que je prit sur la presse deux feuilles d'vn livre
intitulé *Hermes grammatiens* [,] *volume in-8o.*, apartenant de

<hr>

(1) Le nom est resté en blanc. Ne serait-ce pas le libraire Imprimeur
Cerle que voudrait désigner Baritel, à en juger par la façon dont il le cite
dans sa lettre du 24 octobre 1702. (V. plus haut, p. 16 et 19, note 1).

(2) Cf. plus haut, p. 10, note 1.

(3) Claude Moulu est un des imprimeurs chez qui le sieur Chazel déclare
avoir fait imprimer sous la rubrique *Trévoux* une partie de sa *Prairie
riante* (fr. 22074 fol. 203 verso). Cf. plus haut, p. 13, note 1.

droit & de Priuilege (qui subsiste encore vingt-huict mois)
alad' veuue Molin & Compagnie, je fit mon verbal dans
lequel led' sieur déclara qu'il faisoit led' Liure pour lad''
veuve, ce qu'il a ensuitte desavoüé dans l'accommodement
qu'elle a fait auec luy[.] jugé Monseigneur de la probité de ces
sortes de gens & de quoi ils ne sonts pas capables de faire
soit contre les Libraires de Paris ou autres du Royaume
puisqu'ils n'épargnent pas leurs concitoïens, je fut encore
chez le nommé Molin ou je trouua (*sic*) sur presse vn autre
Liure apartenant de la même maniere a lad'' veuue & compagnie intitulé *Indiculus Vniuersalis* [,] *volume in 12*, qu'il
imprimoit sous le benefice des permissions du juge de Police
comme si elles pouuoit preualoir contre vn Priuilege de sa
Majesté, dans la même vüe je fut encore chez le nommé
Benoist Vigneu qui tient imprimerie nonobstant qu'il aïe
été cassé je trouua (*sic*) qu'il imprimoit deux Liures sous des
anciennes permissions des Juges des Lieux, l'un intitulé *la
famille sainte* [,] *volume in-8°*, l'autre *des heures* [,] *volume in 16*,
voila Monseigneur comme les ordres du Roy, & de Monsei-
gneur le Chancelier sonts executés, cette demarche ma
attiré la haine entiere du dit sieur Anisson qui m'a amutté
contre, toute la cohorte contrefaiseuse, & le mot de *Plaisant*
du procureur du Roy de la Police de cette ville, je ne sauroit
me dispenser de vous faire un semblable recit, si led' Sieur
Anisson auoit fait & faisoit son deuoir le desordre ne seroit
pas si grand ny si dificile a faire cesser, l'on auroit pas
imprimé comme l'on a fait depuis six semaines le *Mercure
Politique et historique* du mois de septembre qui a été vandu
& débité [.] dans la Conjocture (*sic*) des afaires ce Liure est
de tres dangereuse consequence la lecture ne faisant qu'aug-
manter au peuples la mechante disposition ou ils sonts par
les surcharges qu'on leurs impose, & par la cessation du
Commerce.

Dernierement les commissaires de Police firent vne visitte
chez les sieurs Moulu, Molin & Roux, ils trouuerent chez
le second vne Commedie intitulée *le double Veunage* [,] *vol.
in 12* dont le priuilege est tout nouuellement donné, chez le

troisieme ils trouuerent *les Memoires du Mareschal de Nauaille &c*, je ne say s'ils firent bien leurs procez verbaux car le s^r Syndic defandit ausdits imprimeurs de le signer, Je croy Monseigneur que voila les derniers Memoires que j'auray l'honneur de vous faire presenter, j'augure qu'ils ne produiront rien moins que ce que j'en atend ainsi je ne prendray plus de liberté que celle de me dire auec tout le respect et la soumission possible.

Monseigneur,

Vôtre tres humble & tres obeissant seruiteur

BARITEL

Recue le Jeudi 14 Décembre 1702 (1).

Si l'on pouvait retrouver à Lyon des réponses du Chancelier et du ministre inconnu, destinataire de ces lettres et mémoire — si toutefois la dernière phrase laisse supposer qu'il y fut répondu — ce serait de quoi compléter nos informations. En attendant, elles serviront au moins à l'histoire de la librairie lyonnaise et des contrefaçons dont les imprimeurs parisiens eurent tant de fois à se plaindre. Espérons que des chercheurs plus heureux et plus documentés tireront au clair les détails embrouillés et multiples de cette histoire des *livres de prohibé*, comme parlait Baritel.

(1) Ces mots ont été écrits de la main du destinataire inconnu. Cf. plus haut, p. 16, note 1.

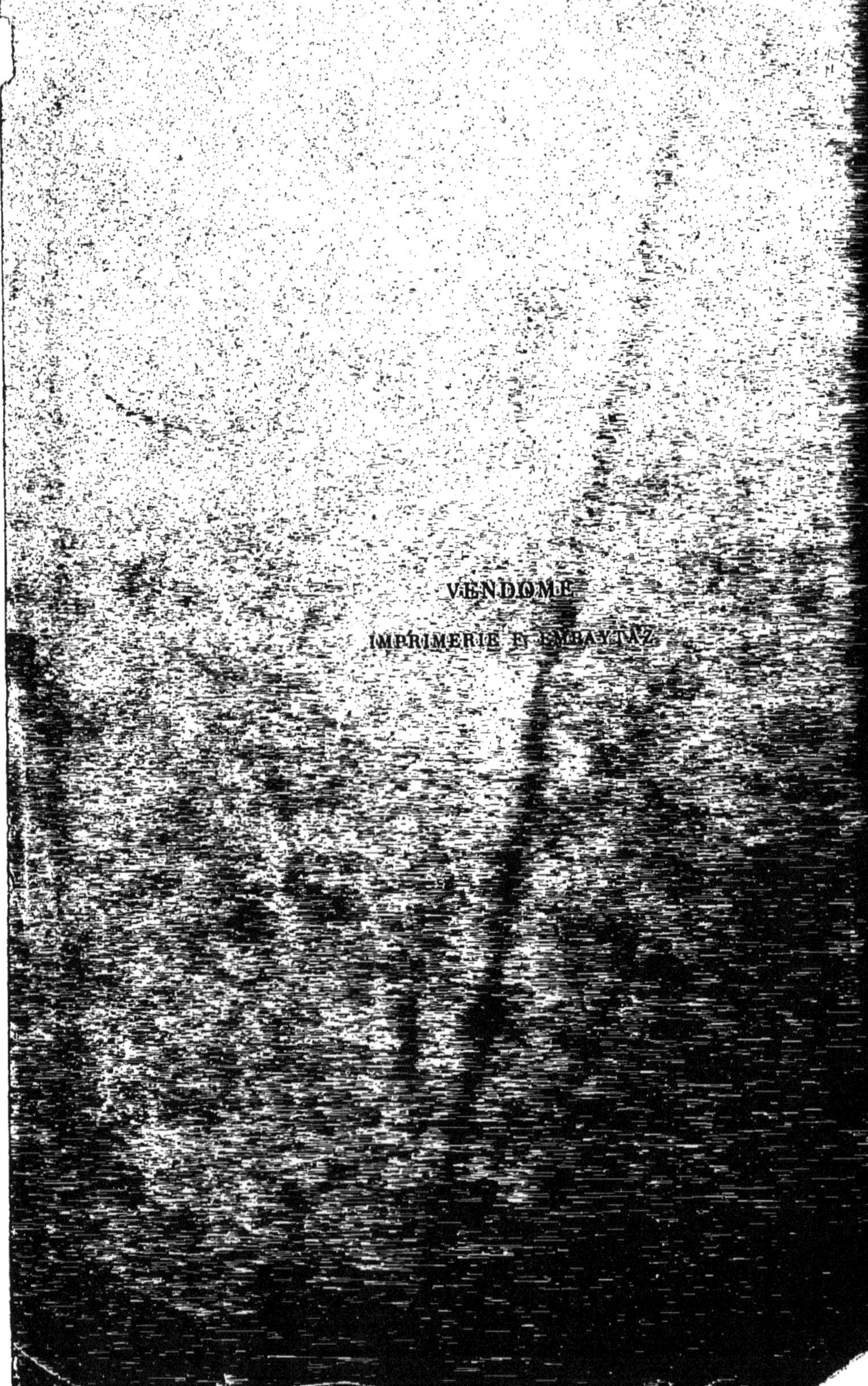
VENDOME
IMPRIMERIE ET EMBAYTAZ

www.ingramcontent.com/pod-product-compliance
Ingram Content Group UK Ltd.
Pitfield, Milton Keynes, MK11 3LW, UK
UKHW021039220726
13924UKWH00001B/422